CAISSE DES DÉPÔTS ET CONSIGNATIONS.

SERVICES

DES FONDS DE RETRAITES

ET PENSIONS DIVERSES

ET

DES FONDS DE RETRAITES DES SOCIÉTÉS DE SECOURS MUTUELS

APPROUVÉES.

INSTRUCTION GÉNÉRALE.

PARIS.

IMPRIMERIE NATIONALE.

FÉVRIER 1878.

SERVICES

DES FONDS DE RETRAITES

ET PENSIONS DIVERSES

ET

DES FONDS DE RETRAITES DE SOCIÉTÉS DE SECOURS MUTUELS

APPROUVÉES.

INSTRUCTION GÉNÉRALE.

PARIS.

IMPRIMERIE NATIONALE.

—

FÉVRIER 1878.

SERVICES

DES FONDS DE RETRAITES

ET PENSIONS DIVERSES,

ET

DES FONDS DE RETRAITES DES SOCIÉTÉS DE SECOURS MUTUELS

APPROUVÉES.

Ire PARTIE.

FONDS DE RETRAITES ET PENSIONS DIVERSES.

DISPOSITIONS GÉNÉRALES.

**Attribution à la Caisse des dépôts et consignations
du service des fonds de retraites.**

1. La Caisse des dépôts et consignations est chargée, en vertu de l'article 110 de la loi du 28 avril 1816, du service des pensions de retraites sur fonds de retenues, à l'exception de celles que la loi du 9 juin 1853 a placées dans les attributions du Trésor public.

Caisse générale des retraites ecclésiastiques.

2. Le décret du 28 juin 1853, qui a créé une caisse générale de retraites ecclésiastiques, en a confié l'administration à la Caisse des dépôts et consignations.

Ouverture d'un compte général.

3. Les services mentionnés dans les deux articles qui précèdent sont l'objet *d'un seul et même chapitre* ouvert dans les écritures de la Caisse des dépôts et consignations, sous le titre : *Fonds de retraites et pensions diverses.*

Ouverture d'un compte spécial.

4. Un compte spécial est ouvert à chacun des fonds de retraites.

Recettes à faire à chaque compte.

5. Il est fait recette audit compte de toutes les sommes provenant, soit des retenues exercées sur les traitements, salaires et autres rétributions, soit des allocations spéciales votées au profit des fonds de retraites, soit des arrérages des rentes leur appartenant.

Payement des pensions.

6. Le payement des pensions aux titulaires qui justifient de leur existence est assuré au moyen de ces produits.

Ce payement a lieu par trimestre échu.

Emploi des fonds disponibles en achats de rentes.

7. Les sommes disponibles après l'acquittement des pensions sont employées, tant dans le courant qu'à la fin de l'année, en achats de rentes sur l'État, sur la demande des administrateurs des caisses de retraites. La Caisse donne immédiatement avis de ces achats aux administrations intéressées et crédite les comptes respectifs des arrérages perçus par elle, du jour de leur échéance.

Insuffisance de fonds.

8. Lorsque les sommes disponibles sont insuffisantes pour subvenir au payement des arrérages échus des pensions, les administrations compétentes doivent y pourvoir, soit par de nouveaux versements, soit en autorisant la Caisse des dépôts à vendre des rentes appartenant à leurs fonds de retraites, jusqu'à concurrence des besoins du service.

Envoi des comptes annuels.

9. Dans le courant du premier trimestre de chaque année, la Caisse des dépôts et consignations transmet à chaque administration une copie de son compte courant, présentant les opérations de recettes, de dépenses de l'année précédente et le solde en numéraire et en inscriptions de rentes existant à la date du 31 décembre, au crédit du fonds de retraites de cette administration.

Les pensions sur fonds de retenues sont incessibles et insaisissables.

10. Les pensions sur fonds de retenues sont en principe incessibles et insaisissables. (*Loi du 22 floréal an VII et ordonnance du 17 août 1817.*)

Les créanciers ne peuvent exercer qu'après le décès des titulaires, et sur le décompte de leurs pensions, les poursuites nécessaires pour la conservation de leurs droits.

Retenues exercées sur les pensions.

11. Des retenues peuvent être opérées sur les pensions jusqu'à concurrence d'un cinquième *pour débet envers l'État, ou pour des créances privilégiées*, aux termes de l'article 2101 du Code civil, et d'un tiers dans les cas prévus par les articles 203, 205, 206, 207 et 214 du même Code (*retenues alimentaires*).

Lorsqu'un jugement prescrivant une retenue est signifié à un préposé de la Caisse des dépôts, celui-ci doit le transmettre à la Direction générale et attendre ses instructions pour le payement de la pension.

Le payement de ces retenues ne peut être fait aux créanciers privilégiés, aux ascendants, à la femme ou aux enfants du pensionnaire, que si ce dernier justifie de ses droits au trimestre, sur lequel le prélèvement desdites retenues doit être effectué.

Le mode d'opérer, lorsque des retenues de ce genre sont exercées, est indiqué articles 47 et 48.

Retenues prescrites par les administrateurs des caisses de retraites au profit de ces établissements.

12. Quant aux retenues prescrites, dans certains cas, au profit des fonds de retraites, sur les états d'ordonnancement transmis à la Direction générale, il en est fait mention en marge des états qui sont adressés aux trésoriers payeurs généraux, et ces comptables doivent se conformer aux prescriptions de l'article 49, tant pour les écritures à passer que pour les pièces à produire à l'appui de leurs relevés de recettes et de dépenses.

RECETTES.

Recettes effectuées par le Caissier général de la Caisse des dépôts et consignations.

13. Le Caissier général de la Caisse des dépôts et consignations opère l'encaissement des produits afférents aux caisses de retraites des administrations publiques dont le siége est à Paris, savoir :

Assistance publique;

Imprimerie nationale;

Mont-de-Piété;

Octroi de Paris;

Théâtre national de l'Opéra;

Préfecture du département de la Seine;

Préfecture de police;

Caisse générale des retraites ecclésiastiques.

Ce comptable fait également recette, au profit des fonds de retraites des administrations départementales et communales, des semestres ou trimestres des rentes leur appartenant et dont la Caisse des dépôts et consignations est dépositaire.

Recettes effectuées par les receveurs des finances.

14. Les receveurs des finances, en leur qualité de préposés de la Caisse des dépôts et consignations, se chargent en recette, pour son compte, des retenues sur traitements et autres produits qui servent à alimenter les caisses de pensions de retraites :

1° Des préfectures et sous-préfectures;

2° Des mairies, des octrois et des divers établissements communaux.

Délivrance des récépissés à talon.

15. Tout versement donne lieu, de la part des préposés de la Caisse des dépôts et consignations, à la délivrance d'un récépissé à talon (*Loi du 23 avril 1833 sur le contrôle*), conforme au modèle n° 2 de l'Instruction générale sur la comptabilité des préposés. Ce récépissé est soumis au timbre de 10 centimes. (*Loi du 23 août 1871.*)

Pièces justificatives des recettes à transmettre à la Caisse des dépôts.

16. Les trésoriers payeurs généraux font figurer les versements de cette nature sur les relevés mensuels de recettes et sur les états des récépissés qu'ils doivent transmettre à la Caisse des dépôts, et ils joignent à l'appui :

1° Les talons de récépissés, conformes au modèle précédent;

2° Le bordereau que chaque partie versante est tenue de produire à l'appui de son versement, indiquant l'origine et la quotité de la somme déposée;

3° Un bordereau détaillé des recettes effectuées pour le compte de *fonds de retraites* (modèle n° 1).

DÉPENSES.

Payement trimestriel des pensions.

17. Les pensions sont payées, à Paris, par le Caissier général de la Caisse des dépôts; dans les départements, par les trésoriers payeurs généraux et receveurs particuliers des finances; en Algérie et dans les colonies françaises, par les trésoriers payeurs et payeurs particuliers, tous les trois mois, le 1ᵉʳ janvier, le 1ᵉʳ avril, le 1ᵉʳ juillet et le 1ᵉʳ octobre.

Nécessité de l'autorisation du Directeur général.

18. Aucun payement ne peut être fait pour le compte des fonds de retraites que sur l'autorisation du Directeur général de la Caisse des dépôts et consignations.

Pièces justificatives des dépenses.

Les trésoriers payeurs généraux font figurer ces payements dans les relevés mensuels de dépenses qu'ils transmettent à la Direction générale, et ils joignent à l'appui :

1° Les pièces justificatives;

2° Un bordereau détaillé, conforme au modèle n° 2, spécial pour le service des fonds de retraites.

Les trésoriers payeurs généraux doivent veiller à ce que les quittances de payement portent les mêmes sommes que celles énoncées dans les autorisations.

Renouvellement des états-souches spéciaux
pour les administrations de Paris.

19. Tous les cinq ans, la Caisse des dépôts envoie aux trésoriers payeurs généraux des états-souches nominatifs des pensionnaires des administrations désignées à l'article 13, établis conformément aux états ordonnancés par les administrateurs compétents.

Notification des états modificatifs.

20. Les changements en accroissement et en diminution sont notifiés à ces comptables supérieurs, pendant la période quinquennale, au moyen d'états modificatifs, dressés tous les trois mois, dans les bureaux de la Direction générale, d'après les ordonnances de payement qui lui sont transmises par les administrateurs des diverses caisses de retraites.

Les autorisations et les annulations individuelles notifiées dans le courant d'un trimestre ne donnent lieu à aucun changement dans les états-souches. Les trésoriers payeurs généraux doivent se borner à en prendre note, en attendant qu'ils aient reçu les états trimestriels, signalant les changements à opérer dans lesdits états-souches.

Autorisations de payement annuelles pour les pensions sur fonds départementaux.

21. Les pensions sur fonds départementaux sont acquittées par les trésoriers payeurs généraux, en vertu d'autorisations nominatives de payement que la Direction générale leur adresse, au commencement de chaque année, d'après des états transmis par les préfets. Ces autorisations annuelles permettent de mettre en payement les arrérages échus dès le premier jour de leur exigibilité.

Envoi de lettres modificatives.

S'il survient quelques changements dans le courant d'une année, il en est donné connaissance aux trésoriers payeurs généraux par l'envoi de lettres modificatives.

Lettres d'avis relatives au payement des sommes allouées à titre de secours, de provisions et de soldes d'arrérages.

22. Quant aux sommes allouées à titre de secours, de provisions à valoir sur des pensions en instance de liquidation, et de soldes d'arrérages échus à la date des décisions portant concession desdites pensions, elles sont mises en payement par les trésoriers payeurs généraux, conformément aux lettres d'avis que la Direction générale leur adresse, aussitôt la réception des états ordonnancés par les administrateurs compétents.

Mode de payement des pensions à la charge des fonds de retraites des établissements communaux.

23. Le payement des pensions à la charge des fonds de retraites des mairies, octrois et autres établissements communaux, s'effectue en vertu de mandats adressés à la Caisse des dépôts par les maires ou autres administrateurs de ces établissements.

La Caisse des dépôts transmet aux trésoriers payeurs généraux des autorisations de mettre le montant de ces mandats à la disposition des receveurs des communes, receveurs des hospices, etc. chargés d'acquitter les pensions sous leur propre responsabilité.

Les trésoriers payeurs généraux doivent exiger de la part de ces comptables des quittances conformes au modèle n° 3 ci-joint, pour une somme égale à celle desdits mandats.

Marche à suivre pour régulariser les payements effectués par les receveurs des finances pour le compte des receveurs des communes.

24. Lorsque des pensions à la charge d'une caisse de retraites communale sont payables ailleurs que dans la commune, les administrateurs de ladite caisse doivent adresser à la Direction générale, au lieu des mandats dont il vient d'être parlé, des états nominatifs portant l'indication des lieux de résidence des ayants droit.

La Caisse des dépôts adresse immédiatement aux trésoriers payeurs généraux des départements où résident les pensionnaires l'autorisation, *valable pour l'année*, sauf avis contraire, d'acquitter le montant des pensions pour le compte du receveur de la commune.

Dès que les pièces justificatives sont parvenues à la Direction générale, elle les fait remettre aux receveurs des communes par l'intermédiaire de ses préposés, qui doivent se faire délivrer en échange, pour être envoyées à la Caisse des dépôts, non des *quittances à souche*, mais de *simples quittances* conformes au modèle n° 4.

Concours des percepteurs au payement des pensions sur fonds de retenues.

25. Les pensionnaires éloignés des chefs-lieux d'arrondissement peuvent être payés par les percepteurs de leurs communes, sous responsabilité des receveurs des finances.

Transmission des autorisations aux comptables chargés d'effectuer le payement.

26. Pour prévenir *tout retard* dans le service des pensions, les tré-

soriers payeurs généraux doivent transmettre aux receveurs particuliers,
dès la réception des autorisations de payement, les avis nécessaires pour
l'acquittement immédiat des arrérages dus aux pensionnaires qui résident dans leurs arrondissements respectifs, en leur recommandant
la même diligence à l'égard des autorisations à adresser aux percepteurs
chargés d'effectuer les payements.

**Les autorisations de payement sont valables jusqu'à leur annulation
par la Caisse des dépôts.**

27. Nonobstant la clôture de l'exercice, les autorisations de payement d'arrérages de pensions exigibles dans le courant d'une année
sont valables jusqu'à ce que des lettres d'avis émanées de la Direction
générale en prescrivent l'annulation.

FORMALITÉS À REMPLIR PAR LES PENSIONNAIRES.

Pièces à produire par les pensionnaires pour toucher leurs pensions.

28. Pour recevoir les arrérages échus de sa pension, le titulaire doit,
aux termes de la loi du 22 floréal an VII :

1° Présenter le titre de pension au dos duquel chaque payement
doit être mentionné [1];

2° Produire une quittance qui peut être reçue sur *papier libre* [2],
mais qui doit être revêtue du timbre de 10 centimes, conformément à
la loi du 23 août 1871 ;

---

[1] Le titre de pension délivré aux anciens employés des préfectures et des sous-
préfectures consiste seulement dans la copie certifiée d'une ampliation de l'ordonnance, du décret ou de la délibération du conseil général portant concession de la
pension.

[2] Les noms et prénoms des pensionnaires doivent être écrits lisiblement en
marge de la quittance, ainsi que la désignation de l'administration à laquelle
appartient le titulaire: l'expression de *civile* dont on se sert souvent, est insuffisante
pour faire connaître cette administration.

A l'égard des veuves, on doit toujours commencer par le nom du mari sur
la quittance fournie par la veuve, et inscrire ensuite le nom de famille de cette
dernière.

La somme payée doit être exprimée en toutes lettres dans le corps de la quittance.
En cas de rature ou de surcharge, le montant doit être rappelé en toutes lettres,
au bas de la quittance, avant la signature.

3° Fournir un certificat de vie délivré *sur papier timbré*. Les pensionnaires ecclésiastiques sont admis par exception à présenter ces certificats *sur papier non timbré* [1].

Déclaration de non-cumul.

29. Ce certificat doit contenir la déclaration de non-cumul prescrite par les tableaux des justifications annexés à la présente instruction.

Déclaration de viduité de la part des veuves.

30. Les veuves doivent, en outre, déclarer dans leur certificat de vie, qu'elles sont en état de viduité, à moins que les règlements spéciaux ne les dispensent de cette déclaration.

(Voir les tableaux ci-après des justifications à produire dans les différents cas.)

La déclaration doit s'étendre au délai pendant lequel le pensionnaire ne s'est pas présenté.

31. Si, par suite d'absence ou pour tout autre motif, un pensionnaire laisse écouler plusieurs trimestres de sa pension sans en réclamer le montant, la déclaration de non-cumul doit comprendre le temps pendant lequel il ne s'est pas présenté. Il en est de même à l'égard des déclarations de viduité qui doivent s'appliquer à tous les trimestres échus depuis le dernier payement.

Payement simultané de plusieurs trimestres.

32. Plusieurs trimestres de la même pension peuvent être acquittés sur la production d'une seule quittance et d'un seul certificat de vie postérieur à la dernière échéance.

---

[1] Les certificats de vie des pensionnaires peuvent être délivrés par un notaire ou par le maire. Leurs signatures doivent être légalisées par le préfet et le sous-préfet, savoir : celles des notaires exerçant dans le lieu de la résidence de la Cour d'appel, lorsqu'on se sert du certificat hors du ressort, et celles des autres notaires, lorsque le certificat est produit hors de leur département.

Les signatures des maires, sauf celles des maires de Paris, doivent toujours être légalisées.

Les pensions sur fonds de retenues ne sont pas payables au porteur.

33. Les pensions sur fonds de retenues acquittées par les soins de la Caisse des dépôts et consignations n'étant pas, à la différence des pensions à la charge de l'État, payables au porteur, le pensionnaire doit se présenter lui-même ou se faire représenter par un mandataire muni d'une procuration régulière. Cette procuration peut être sous seing privé. Elle doit contenir la mention qu'elle est donnée pour toucher les arrérages échus et à échoir.

Payements effectués au mandataire d'un pensionnaire.

34. Si c'est un fondé de pouvoirs qui touche la pension, la procuration ou un extrait authentique doit être annexé à la quittance du premier payement fait à ce mandataire. En cas de payements ultérieurs, faits au même mandataire, la quittance doit indiquer la date du premier payement pour lequel la procuration a été produite.

Production du duplicata du brevet dans le cas où le primata serait adiré.

35. Lorsqu'un pensionnaire ou son mandataire affirme que le brevet de pension est adiré, le payement est suspendu jusqu'à la production d'un duplicata de ce brevet, fourni par l'administration qui a délivré le titre primitif.

Pièces à fournir par le pensionnaire incapable de signer.

36. Dans le cas où un pensionnaire se trouverait dans l'impossibilité de signer, si la somme à recevoir est de 150 francs et au-dessous, le payement peut être effectué au titulaire devant deux témoins, qui constatent sur la quittance le motif pour lequel le pensionnaire ne peut donner son acquit.

La signature de ces deux témoins doit être certifiée par le comptable qui effectue le payement.

Si la somme dépasse 150 francs, il doit être exigé une quittance notariée aux frais du pensionnaire.

Pièces à produire par les pensionnaires résidant en pays étranger.

37. Le titulaire d'une pension sur fonds de retenues résidant à l'é-

tranger peut faire toucher, soit en France, soit en Algérie, soit dans les colonies françaises, les arrérages de sa pension, sur la production :

1° D'un certificat de vie délivré par le représentant de l'autorité locale compétente, visé pour légalisation par l'agent français, ou, à défaut d'agent français, par l'autorité supérieure de la province.

Ce certificat doit contenir les déclarations de non-cumul ou de viduité que le titulaire de la pension serait tenu de faire en France;

2° D'une procuration en bonne forme, revêtue des mêmes formalités de légalisation que le certificat de vie.

La procuration doit être enregistrée et timbrée en France ou dans les possessions françaises.

Quant au certificat de vie, il suffit qu'il soit timbré.

Le pensionnaire domicilié à l'étranger et se trouvant momentanément en France ne peut pas produire un certificat de vie délivré par un notaire français.

Il est admis seulement à se faire délivrer, par le maire de la localité où il réside, *une attestation de vie*. Il adressera cette pièce à l'agent diplomatique ou consulaire de son pays d'élection, qui établira un certificat de vie dans les formes prescrites en ce pays.

La signature de l'agent devra toujours être légalisée au Ministère des affaires étrangères, à Paris. (*Circulaire de la Direction générale de la comptabilité publique en date du 16 novembre 1877, § 2.*)

Formalités à remplir par le tuteur d'un orphelin ou d'un interdit.

38. Le tuteur doit assister le pensionnaire mineur lors de la délivrance du certificat de vie et lors du payement. La quittance du tuteur naturel et légal peut être admise sans autre justification, mais le tuteur datif doit produire un extrait de la délibération du conseil de famille qui lui a conféré la tutelle.

Si le pensionnaire est frappé d'interdiction, la présence et la signature de son tuteur sont également nécessaires; ce dernier doit fournir un extrait du jugement qui l'a nommé.

Énonciations contenues dans les certificats de vie fournis par les orphelins.

39. Lorsque les pensions dont jouissent les orphelins sont réversibles de l'un sur l'autre, le tuteur peut toucher le montant des arrérages échus,

sur la production du certificat de vie d'un seul desdits orphelins n'ayant pas encore atteint l'âge où la pension doit prendre fin, d'après le règlement de la caisse de retraites.

Si la pension n'est pas réversible, ce certificat doit attester l'existence et énoncer la date de naissance de tous les orphelins.

Payement à des pensionnaires aliénés.

40. Les arrérages des pensions sur fonds de retenues dont les titulaires non interdits sont atteints d'aliénation mentale, doivent être touchés :

1° Soit par l'administrateur provisoire désigné par la commission administrative ou de surveillance de l'asile ;

2° Soit par l'administrateur provisoire nommé par le tribunal sur la demande des ayants droit,

Suivant que les pensionnaires sont placés dans un asile public ou dans un asile privé.

(*Loi du 30 juin 1838 sur les aliénés, art. 31 et 32.*)

Époque d'entrée en jouissance des pensions ecclésiastiques.

41. Les arrérages des pensions accordées à des prêtres encore en fonctions ne courent qu'à partir du premier jour du trimestre qui suit la date à laquelle les fonctions ont cessé d'être rétribuées. (*Lettre du Ministre de l'instruction publique da 9 août 1854.*)

Arrérages dus à des ecclésiastiques atteints d'aliénation mentale.

42. Les arrérages des pensions accordées à des ecclésiastiques atteints d'aliénation mentale peuvent être payés, soit à leurs tuteurs légaux, soit aux directeurs, receveurs ou économes des établissements dans lesquels ils sont placés, soit à leurs supérieurs ecclésiastiques : évêques, vicaires-généraux, etc., et les autorisations de payement indiquent, dans ce cas, l'état d'aliénation mentale des pensionnaires et les établissements dans lesquels ils sont placés. (*Règlement du 31 décembre 1841 sur la comptabilité des cultes, article 201.*)

Les certificats de vie devront contenir les mêmes indications.

Mesures à prendre lorsqu'un pensionnaire change de résidence dans le même département.

43. Dans le cas où un pensionnaire désire être payé de sa pension dans un autre arrondissement du même département, il doit en adresser la demande au trésorier payeur général, qui prend à cet effet les mesures nécessaires et informe la Direction générale du nouveau domicile du pensionnaire.

Démarches à faire par un pensionnaire pour obtenir le payement de sa pension dans un autre département.

44. Le pensionnaire qui transfère sa résidence d'un département dans un autre doit, au moins un mois avant les époques de mise en payement des pensions, prévenir l'administration dont il relevait avant son admission à la retraite.

Cette administration avise de ce changement la Direction générale, qui en informe le trésorier payeur général du département de l'ancienne résidence.

Ce n'est qu'après avoir reçu de son préposé avis qu'il a annulé l'autorisation de payement, que la Caisse des dépôts effectue le transfert dans le nouveau département.

Il est donc important que l'envoi de ces avis ait lieu *dans le plus court délai possible.*

DU CUMUL D'UNE PENSION AVEC UN TRAITEMENT D'ACTIVITÉ.

Caisses de retraites dont les règlements fixent un maximum de cumul.

45. Le premier tableau des justifications joint à la présente instruction fait connaître les règles relatives au cumul d'une pension avec un traitement d'activité concernant les pensionnaires appartenant aux administrations désignées à l'article 13.

Les pensionnaires des préfectures et sous-préfectures et ceux des mairies, octrois et autres établissements communaux désignés aux 2° et 3° tableaux des justifications ci-annexés, sont soumis aux règles prohibitives du cumul édictées par les actes constitutifs des caisses de retraites sur lesquelles le payement de leurs pensions est assigné.

Décompte à établir par suite de la jouissance simultanée d'une pension et d'un traitement d'activité.

46. Le titulaire jouissant d'une pension, et exerçant en même temps un emploi rétribué par un traitement d'activité, ne peut recevoir par trimestre que le quart de la somme jusqu'à concurrence de laquelle il lui est permis de cumuler (voir les tableaux précités), savoir :

1° L'intégralité du traitement trimestriel;

2° La portion de la pension nécessaire pour compléter ce quart.

RETENUES À PRÉLEVER SUR LES PENSIONS, SOIT AU PROFIT DU TRÉSOR, SOIT AU PROFIT D'UN TIERS.

Retenues exercées au profit du Trésor.

47. Lorsque la retenue d'un cinquième sur une pension de retraite est autorisée en vertu d'une opposition administrative *pour débet envers l'État* le préposé fait dépense *au compte de la Caisse des dépôts et consignations (chapitre fonds de retraites)*, de l'intégralité du trimestre dont le payement a été autorisé, et se charge en recette, *au compte du Trésor*, du montant de la retenue, en ayant soin de spécifier la nature du débet.

L'état des dépenses (modèle n° 2) doit comprendre, parmi les pièces justificatives, la quittance donnée par le pensionnaire pour l'intégralité du trimestre, et détaillée comme suit :

Montant du trimestre......................*Fr.* 200 00

Retenue d'un cinquième au profit du
Trésor.........................*Fr.* 40 00

Net payé au titulaire.................*Fr.* 160 00

TOTAL ÉGAL........*Fr.* 200 00

Retenues exercées au profit d'un tiers.

48. Lorsque la retenue d'un cinquième ou d'un tiers est autorisée en vertu d'une opposition judiciaire, soit au profit d'un créancier privilégié, soit au profit d'un ascendant ou de la femme du pensionnaire, il y a lieu, pour le préposé, de faire dépense, *au chapitre fonds de retraites*, de l'intégralité du trimestre, et, en même temps, recette, *au chapitre consignations*, du montant de la retenue, en se conformant aux instructions relatives à ce service.

La quittance du pensionnaire doit être libellée, comme dans le cas précédent, en ayant soin d'indiquer le nom du tiers au profit de qui la retenue est consignée.

Retenues exercées au profit d'une caisse de retraites.

49. Si la retenue est prescrite au moyen d'une annotation mise en marge des états de payement, au profit d'une caisse de retraites, le préposé doit :

1° Faire dépense, *au chapitre fonds de retraites*, de l'intégralité du trimestre ;

2° Faire recette, *au même chapitre*, du montant de la retenue, au profit de la caisse de retraites sur laquelle le payement du trimestre a été assigné ;

3° Joindre au relevé mensuel des dépenses la quittance du pensionnaire, libellée de la même manière que ci-dessus, et, au relevé mensuel des recettes, le talon de récépissé énonçant la somme retenue au profit du fonds de retraites.

DÉCOMPTE DES ARRÉRAGES DUS AUX VEUVES OU AUX ORPHELINS QUI PERDENT LEURS DROITS À PENSION.

Mode d'opérer lorsque les veuves se remarient ou que les orphelins atteignent l'âge auquel leurs pensions prennent fin.

50. Lorsqu'une veuve, d'après les statuts de la caisse de retraites dont le mari était tributaire, perd ses droits à pension par suite d'un nouveau mariage, les arrérages qui lui sont dus depuis le dernier payement jusqu'à cette époque, doivent être liquidés par l'administration compétente. En conséquence, les préposés n'établiront pas de décompte, mais inviteront la pensionnaire à adresser une demande à cette administration, qui indiquera les pièces à fournir à l'appui.

51. La Caisse des dépôts et consignations, dès que l'état spécial d'ordonnancement des arrérages liquidés lui sera parvenu, en autorisera la mise en payement et donnera, en même temps, avis au préposé de considérer comme nulle et non avenue l'autorisation de payer le trimestre antérieurement ordonnancé, lequel sera rendu au fonds de retraites.

52. Le même mode d'opérer sera suivi lorsqu'il s'agira d'arrérages échus sur une pension accordée à un orphelin qui aura atteint, dans le courant d'un trimestre, l'âge auquel sa pension doit s'éteindre, d'après le règlement qui la régit.

2

DÉCOMPTE DES ARRÉRAGES DUS À LA SUCCESSION D'UN PENSIONNAIRE ET PIÈCES
À PRODUIRE PAR LES HÉRITIERS.

Demande en payement du prorata des arrérages.

53. Pour obtenir le payement des arrérages dus au décès d'un pensionnaire [1], ses héritiers doivent en adresser la demande, avec les pièces à l'appui, à l'administration à laquelle appartenait ce pensionnaire, seule compétente pour opérer la liquidation de ces arrérages [2].

Nécessité de l'autorisation du Directeur général.

54. Après avoir reçu de cette administration un état spécial portant ordonnancement et reconnu la validité des pièces d'hérédité jointes à l'appui, la Caisse des dépôts et consignations autorise le payement.

Les trésoriers payeurs généraux doivent donc, au lieu d'établir eux-mêmes le décompte des arrérages, attendre l'autorisation de payement et transmettre à l'administration compétente les pièces d'hérédité qui leur auraient été adressées par erreur.

Pièces à fournir par les héritiers pour le remboursement de sommes supérieures ou inférieures à 50 francs.

55. Lorsque la somme due à la succession excède 5o francs, les pièces à fournir par les héritiers sont les suivantes :

1° Le brevet de pension du titulaire ;

2° Une expédition de l'acte de décès (*sur papier timbré*).

La signature du maire, sauf celle des maires de Paris, doit être légalisée :

En France et dans les possessions françaises, par le président du tribunal civil ou par le juge de paix, s'il ne siége pas au chef-lieu du ressort du tribunal ;

---

[1] Aussitôt qu'ils ont connaissance du décès d'un pensionnaire, les trésoriers payeurs généraux sont invités à en informer la Direction générale.

[2] La même marche est suivie lorsqu'il s'agit de renouveler un brevet de pension dont les cases sont remplies. Les titulaires doivent adresser leur demande en renouvellement à l'administration qui a délivré le titre et non à la Caisse des dépôts, qui est obligée, dans ce cas, de renvoyer le titre à ladite administration et de donner avis de ce renvoi à l'ayant droit.

A l'Étranger, par le représentant de l'autorité locale, dont la signature sera elle-même légalisée par l'agent français et celle de ce dernier par le Ministre des affaires étrangères à Paris;

Et 3° un certificat de propriété délivré, conformément à la loi du 28 floréal an VII, soit par le juge de paix du domicile du décédé, sur l'attestation de deux témoins, soit par le notaire détenteur de la minute de l'inventaire, s'il en a été dressé après décès, ou dépositaire du testament, s'il en existe. Dans cas et dans celui prévu à l'article suivant, le certificat de propriété est dispensé de l'enregistrement.

56. Si la somme à recevoir ne dépasse pas 50 francs, les héritiers peuvent justifier de leurs droits par la production d'un certificat de propriété délivré, *sur papier libre*, par le maire du domicile du défunt (modèle n° 5).

Cette pièce doit être accompagnée, comme il est dit à l'article précédent, de l'acte de décès et du brevet de pension du titulaire.

PAYEMENTS À FAIRE AUX HÉRITIERS.
Quittance des héritiers reçue sur papier libre.

57. Les quittances des héritiers peuvent être reçues sur papier libre ou sur la lettre d'avis qui leur est adressée par la Caisse des dépôts; mais elles doivent être revêtues du timbre de 10 centimes. (*Loi du 23 août 1871.*)

Procurations à fournir par les héritiers qui n'assistent pas au payement.

58. Les ayants droit qui ne peuvent être présents lors du payement, doivent fournir leurs procurations, soit notariées, soit sous signatures privées, enregistrées et légalisées par le maire et le préfet, le sous-préfet ou le juge de paix, dans le cas prévu par la loi du 2 mai 1861. [1].

Payement partiel aux héritiers ayant justifié de leurs droits.

59. Dans le cas où quelques-uns des ayants droit refuseraient de

---

[1] Art. 1er. Les juges de paix qui ne siégent pas au chef-lieu du ressort du tribunal de première instance, sont autorisés à légaliser, concurremment avec le président du tribunal, les signatures des notaires qui résident dans leur canton et celles des officiers de l'état civil des communes qui en dépendent, soit en totalité, soit en partie.

donner leur acquit, ou bien si leur domicile était inconnu, leurs cohéritiers pourraient toucher chacun le montant de sa portion virile, pourvu que la part d'arrérages revenant à chacun d'eux soit nettement déterminée dans les actes ou les certificats produits à l'appui de leur demande.

Payements à des héritiers incapables de signer.

60. Lorsque les héritiers ne savent ou ne peuvent signer, il y a lieu d'observer pour la quittance les règles prescrites par l'article 36 ci-dessus.

Les pensions alimentaires sont acquises aux femmes jusqu'au jour de leur décès.

61. Les retenues exercées sur les pensions des titulaires, au profit de leurs femmes, à titre de pensions alimentaires, sont acquises à celles-ci jusqu'au jour de leur décès, et les sommes dues à cette époque ne peuvent être payées qu'à leurs héritiers ou autres ayants droit.

Relevé mensuel des payements à adresser au Directeur de l'enregistrement et des domaines.

62. Les trésoriers payeurs généraux sont tenus de transmettre au directeur de l'enregistrement et des domaines de leur département, dans les premiers jours de chaque mois, le relevé des payements qu'ils ont faits dans le cours du mois précédent, pour le compte de la Caisse des dépôts et consignations, à des héritiers de pensionnaires. S'il n'a point été effectué de payement de l'espèce, l'état mensuel doit néanmoins être fourni avec le mot *néant*.

Ces relevés doivent énoncer le domicile du défunt que la Direction générale a soin d'indiquer dans les lettres d'autorisation de payement.

DISPOSITIONS TRANSITOIRES RELATIVES AUX PENSIONNAIRES ALSACIENS-LORRAINS.

Payement des pensions à la charge des caisses départementales ou communales de retraites des départements cédés à l'Allemagne.

63. La Caisse des dépôts et consignations continue à être chargée du service des pensions imputables sur les fonds des caisses départe-

mentales ou communales de retraites des anciens départements de la
Moselle, du Bas-Rhin et du Haut-Rhin, sans distinction de la nationalité
des pensionnaires, jusqu'à la liquidation de ces caisses par la commission mixte siégeant à Strasbourg.

Payement de pensions aux Alsaciens-Lorrains, soit en France, soit en Allemagne, sans distinction de nationalité.

64. La Caisse des dépôts fait également payer, sur leur demande,
aux pensionnaires alsaciens-lorrains, sans distinction de nationalité, les
arrérages échus des pensions dont ils sont titulaires sur les autres
caisses de retraites spéciales dont la gestion lui est confiée.

Dans ces deux cas, les payements, sont effectués, en France, en Algérie
et dans les colonies françaises, par les préposés de la Direction générale,
et, en Allemagne, par les banquiers accrédités auprès d'elle.

Déclaration de non-payement par les autorités allemandes.

65. Ces pensionnaires sont soumis aux mêmes formalités que les
autres titulaires : ils doivent, en outre, déclarer dans les certificats de
vie que les arrérages de leurs pensions ne leur ont pas été payés par les
autorités allemandes.

Dispense de la légalisation pour les actes délivrés en Alsace-Lorraine.

66. En vertu de la convention du 14 juin 1872, encore en vigueur,
les certificats de vie, certificats de propriété, ainsi que les actes en l'état
civil délivrés en Alsace-Lorraine, sont dispensés de la légalisation. (*Circ.
de la Direction générale de la Comptabilité publique, du 16 novembre 1877,
§ 3.*)

2ᵉ PARTIE.

SOCIÉTÉS DE SECOURS MUTUELS APPROUVÉES.

(L/C DE FONDS DE RETRAITES.)

DISPOSITIONS GÉNÉRALES.

Constitution des fonds de retraites des sociétés de secours mutuels.

67. Les sociétés de secours mutuels approuvées ou reconnues comme établissements d'utilité publique dans les termes de la loi du 15 juillet 1850, sont autorisées, en vertu du décret du 26 avril 1856, à verser à la Caisse des dépôts et consignations les sommes qu'elles auront votées pour la constitution d'un fonds de retraites.

Le service des fonds de retraites constitués par ces sociétés forme un chapitre distinct dans les écritures de la Caisse des dépôts et consignations sous le titre : *Sociétés de secours mutuels approuvées, l/c de fonds de retraites.*

**Les capitaux versés au compte fonds de retraites
ne peuvent être retirés par les sociétés.**

68. Les capitaux versés au compte *fonds de retraites des sociétés de secours mutuels approuvées*, et les intérêts produits par ces capitaux, ne peuvent être retirés par les sociétés, ni en totalité ni en partie. Leur destination est déterminée comme il sera dit ci-après.

**Capitalisation des intérêts au 31 décembre.
(Décret du 26 avril 1856, art. 2.)**

69. Les sommes versées à la Caisse des dépôts et consignations, pour leurs fonds de retraites, par les sociétés de secours mutuels approuvées, donnent lieu pour chacune d'elles à l'ouverture d'un compte réglé au 31 décembre de chaque année, à l'intérêt de 4 1/2 p. o/o, capitalisé à cette date.

**Envoi d'un état général de situation des comptes
au Ministre de l'intérieur.**

70. Un état général présentant la situation de tous ces comptes est transmis, dans le courant du 2ᵉ trimestre, au Ministre de l'intérieur, qui en fait remettre un extrait à chaque société par l'intermédiaire des préfets.

**CRÉATION, LIQUIDATION ET PAYEMENT DES PENSIONS DE RETRAITE
OU RENTES VIAGÈRES.**

Création de pensions de retraite. (Décret du 26 avril 1856, art. 6.)

71. Les sommes versées par les sociétés de secours mutuels approuvées à leurs fonds de retraites, les subventions allouées par l'État, les intérêts produits par ces versements et subventions, sont affectés à la création de pensions de retraite, sous forme de rentes viagères, au profit des membres participants qui ont accompli leur 50ᵉ année et acquitté la cotisation sociale pendant 10 ans, au moins.

Quotité des pensions. (Même décret, art. 8.)

72. Ces pensions ou rentes viagères sont concédées aux ayants droit par les sociétaires réunis en assemblée générale. La quotité de ces pensions est déterminée dans la même délibération; elle ne peut être inférieure à 30 francs, ni excéder, dans aucun cas, le décuple de la cotisation annuelle fixée par les statuts sociaux.

**Transmission au Ministre de l'intérieur des pièces exigées
pour la liquidation des pensions. (Même décret art. 7.)**

73. Une copie de cette délibération et les actes de naissance, *sur papier libre*, des candidats à pension doivent être adressés, par l'intermédiaire des préfets, au Ministre de l'intérieur. S'il y a lieu de procéder à la liquidation des pensions proposées, le Ministre transmet les actes de naissance à la Caisse des dépôts, chargée de faire obtenir aux pensionnaires les rentes viagères sur la Caisse de retraites pour la vieillesse auxquelles ils ont droit.

**Placement à la Caisse de retraites pour la vieillesse des capitaux
nécessaires pour l'obtention des pensions. (Même décret, art. 4.)**

74. Après avoir vérifié s'il existe au fonds de retraites de la société une somme suffisante, la Caisse des dépôts transporte à la Caisse de retraites pour la vieillesse le capital nécessaire pour la création des pensions demandées. Ce capital fait retour audit fonds de retraite, au décès des pensionnaires.

Payement des pensions par le Trésor public.

75. Les titres de rentes inscrits au grand-livre de la Dette publique au nom des ayants droit leur sont transmis par les soins du Ministre de l'intérieur, et les arrérages en sont payables chez les agents du Trésor, sur la production desdits titres et de certificats de vie, tous les trois mois, les 1ᵉʳ mars, 1ᵉʳ juin, 1ᵉʳ septembre et 1ᵉʳ décembre. (*Loi de finances du 12 août 1876.*)

Les pièces d'hérédité et la demande de payement du prorata d'arrérages doivent être adressées au Ministre des finances.

76. La demande de payement des arrérages dus au jour du décès du pensionnaire doit être adressée par ses héritiers, avec les pièces d'hérédité à l'appui, au Ministre des finances (*Direction de la Dette inscrite*), et non à la Caisse des dépôts.

Les préposés sont donc invités à renvoyer à qui de droit les pièces de l'espèce qui leur seraient remises par erreur.

Date de la réintégration au fonds de retraites des capitaux rendus libres par le décès des pensionnaires. (Loi du 12 juin 1861, art. 9.)

77. La Caisse de retraites pour la vieillesse, distincte de la Caisse des dépôts et consignations, remboursant *sans intérêts*, au décès des titulaires, les sommes qui lui ont été déposées à titre réservé, il importe que les sociétés de secours mutuels fassent parvenir au plus tôt les actes de décès des pensionnaires. En effet, la réintégration à leurs fonds de retraites des capitaux affectés au service des rentes viagères ne peut être opérée par la Caisse des dépôts qu'avec valeur du jour de la réception desdits actes au secrétariat de la Direction générale.

VERSEMENTS FAITS PAR LES SOCIÉTÉS DE SECOURS MUTUELS APPROUVÉES.

Caisses auxquelles les sociétés doivent faire leurs versements.

78. Dans le département de la Seine, le Caissier général de la Caisse des dépôts et consignations, et, dans les départements, les receveurs des finances reçoivent les sommes votées par les sociétés de secours mutuels approuvées, ainsi que les dons ou legs qui leur sont faits pour constituer ou augmenter leur fonds de retraites.

Pièces à fournir à l'appui du versement.

79. Il doit être remis à l'appui du versement :

1° Un mandat ou ordre de versement émanant du président de la société (modèle n° 6).

Ce mandat doit énoncer la date de la délibération en vertu de laquelle le versement est opéré [1];

2° Un bordereau de versement, conforme au modèle n° 7, tenant lieu de la déclaration de la partie versante.

Ce bordereau, daté et signé par le trésorier de la société, énoncera le montant de la somme versée et l'affectation au fonds de retraites constitué en vertu du décret du 26 avril 1856;

3° Copie ou extrait de la délibération de l'assemblée générale de la société qui a voté le versement au fonds de retraites, ladite délibération approuvée par le Ministre de l'intérieur pour les sociétés qui ont leur siége dans le département de la Seine, et par les préfets pour les sociétés établies dans les autres départements.

Les préposés doivent veiller à ce que ladite délibération, ou le visa du préfet, énonce que la société est approuvée, conformément au décret du 25 mars 1852, et non simplement autorisée.

80. Les trésoriers payeurs généraux transmettent à l'appui de chaque versement, avec les pièces mentionnées aux paragraphes précédents :

1° Le talon détaché du récépissé délivré au trésorier.

Les récépissés de l'espèce ne sont pas dispensés du timbre de quittance de 10 centimes créé par la loi du 23 août 1871;

2° Un bordereau détaillé des recettes effectuées pour le *fonds de retraites* des sociétés de secours mutuels approuvées (modèle n° 8).

Mode de versement par prélèvement sur les fonds libres.

81. Lorsque le versement doit être prélevé sur les fonds libres de la société déposés à la Caisse des dépôts et consignations, il peut être opéré soit par un *retrait effectif* du compte : «*Sociétés de secours mutuels, 1/c de dépôts,*» soit par un simple virement du compte «*dépôts*» au compte «*fonds de retraites.*»

---

[1] Pour s'assurer qu'une société est approuvée, lorsqu'elle veut faire un premier versement, le préposé devra demander copie du décret qui a approuvé la société, ou l'a reconnue comme établissement d'utilité publique.

Dans le premier cas, les préposés se conformeront, pour la dépense, à l'instruction pour le service des dépôts divers; et, pour la recette au fonds de retraites de la société, ils exigeront les pièces indiquées à l'article 78, comme pour un versement ordinaire.

Dans le deuxième cas, les virements ne s'effectuant qu'à Paris, les préposés inviteront seulement les présidents des sociétés à adresser à la Direction générale leur demande de virement, accompagnée de l'approbation préfectorale.

Versements faits par suite de donation ou de legs.

82. Pour un versement provenant de donation ou de legs et opéré par une société, indépendamment des justifications énoncées à l'article 78, il y a lieu de produire, s'il s'agit d'une valeur qui n'excède pas 5,000 francs, une ampliation de l'arrêté du préfet autorisant l'acceptation de la donation ou du legs (§ 2 *de l'article 8 du décret du 26 mars 1852*); s'il s'agit d'une valeur supérieure à 5,000 francs, une copie certifiée du décret autorisant l'acceptation (*Avis du Conseil d'État du 12 juillet 1864*).

Quand le versement est effectué par un tiers, les mêmes productions sont nécessaires, à l'exception du mandat ou ordre de versement émanant du président de la société.

Le bordereau de versement doit, dans tous les cas, indiquer si les sommes versées proviennent soit de fonds votés par la société, soit d'une donation ou d'un legs.

DISPOSITIONS PARTICULIÈRES.

Centralisation à Paris des comptes des fonds de retraites des sociétés.

83. La comptabilité des *fonds de retraites* des sociétés de secours mutuels approuvées étant centralisée à Paris, les receveurs des finances n'ont pas à tenir, pour ces versements, les registres spéciaux prescrits en matière de versements de *fonds libres*.

Les oppositions et significations ne peuvent être faites qu'à la Direction générale.

84. Par suite, les oppositions et significations sont faites à la Caisse des dépôts et consignations, à Paris.

Les receveurs des finances doivent donc transmettre immédiatement à la Direction générale les actes de cette nature qu'ils auraient visés par erreur.

Les opérations ne donnent pas lieu à taxation.

85. Les sociétés de secours mutuels étant considérées comme *établissements de bienfaisance*, les opérations de ce service ne donnent lieu à aucune taxation pour les préposés, et devront, en conséquence, être précédées des lettres S. T. dans le décompte des taxations.

Arrêté le 30 novembre 1877.

Le Conseiller d'État,
Directeur général de la Caisse des dépôts et consignations,
Ad. DUFRAYER.

MODÈLES.

Fonds de retraites et pensions diverses.

N°

DÉPARTEMENT
d

M.

Trésorier Payeur général.

Mois d   18

MODÈLE n° 1.

Instruction générale sur le service des fonds de retraites.

COMPTE DE LA GESTION 18

ARTICLE 3 DU CHAPITRE III DE LA RECETTE.

BORDEREAU DÉTAILLÉ des recettes effectuées pour le compte de fonds de retraites et pensions diverses pendant le mois d   18

PIÈCES JUSTIFICATIVES.	DÉSIGNATION DES ADMINISTRATIONS.	RECETTES.		OBSERVATIONS
		PRÉFECTURES.	MAIRIES, octrois, etc.	

N°

DÉPARTEMENT
à

M.

Trésorier Payeur
général.

Mois d   18

Modèle n° 2.

Instruction générale
sur le service des fonds
de retraites.

COMPTE DE LA GESTION 18

ARTICLE 3 DU CHAPITRE III DE LA DÉPENSE.

BORDEREAU DÉTAILLÉ des dépenses effectuées pour le compte de fonds de retraites et pensions diverses pendant le mois d   18

PIÈCES JUSTIFICATIVES.	NOMS DES PENSIONNAIRES.	MONTANT des PAYEMENTS.	TOTAL par ADMINISTRATION.	OBSERVATIONS.
				Les pièces de dépense doivent être classées par administration, dans l'ordre indiqué sur les états-souches.
	TOTAUX......			

Modèle n° 3.

Instruction générale
sur le service des fonds
de retraites.

DÉPARTEMENT
d

ARRONDISSEMENT
d

VILLE d

N°   du

18

Réçu de M. le Receveur

pour le compte de la Caisse des dépôts et consignations, la somme

de

applicable au payement du   trimestre 18   des pensions de

retraite des employés de

Dont quittance, à   le   18

Le Receveur municipal d

Modèle n° 4.

Instruction générale
sur le service des fonds
de retraites.

DÉPARTEMENT
d

ARRONDISSEMENT   MAIRIE
d   ou
                         OCTROI } d
VILLE ou COMMUNE
d

NOMS ET PRÉNOMS DES PENSIONNAIRES.	DÉSIGNATION des TRIMESTRES PAYÉS.	DATES DES PAYEMENTS.	MONTANT.	
			fr.	c.
		TOTAL.........		

Je reconnais avoir reçu { du Caissier général de la Caisse des dépôts et consignations

ou

du Trésorier Payeur général des finances du département

les pièces justificatives { d'un payement de   d

des payements, montant ensemble à

qu'il a

effectué pour mon compte, en acquittant les arrérages de pension dus au   titulaire
ci-dessus dénommé .

Le   18   .

Le Receveur municipal d

CAISSE
DES DÉPÔTS
ET CONSIGNATIONS.

2ᵉ DIVISION.

3ᵉ BUREAU.

FONDS
DE RETRAITES
et
PENSIONS DIVERSES.

MODÈLE DE CERTIFICAT
à
fournir par les héritiers
pour
le remboursement
des sommes
de
CINQUANTE FRANCS
ET AU-DESSOUS.

NOTA. Ce certificat pourra être rédigé sur papier libre; mais la signature du maire, excepté celle des maires de Paris, devra être légalisée par le préfet du département ou le sous-préfet de l'arrondissement.

(A) Énoncer les noms, prénoms et qualités du défunt.

(B) Énoncer les noms, prénoms et qualités des héritiers et le degré de parenté, et distinguer les majeurs des mineurs. S'il y a des mineurs, dénommer leurs tuteurs et indiquer la date de la délibération du conseil de famille par laquelle le tuteur aura été nommé.

REMBOURSEMENTS APRÈS DÉCÈS.

MODÈLE Nº 5.

Instruction générale sur le service des fonds de retraites.

Je soussigné, Maire de la commune d ——————

arrondissement d —————— département d ——————

Certifie que le nommé (A) ——————

——————

——————

——————

est décédé à —————— le ——————

qu'il a laissé pour seul héritier (B) ——————

——————

et que le susnommé —————— seul —————— droit de toucher toutes les sommes qui peuvent revenir et appartenir à la succession dudit ——————

——————

En foi de quoi j'ai délivré le présent certificat, pour servir et valoir ce que de raison.

Fait à ——————, ce —————— 18 ——

Vu pour la légalisation de la signature de M. le Maire de la commune d ——————

—————— , le —————— 18 ——

3.

Modèle N° 6.

Instruction générale sur le service des fonds de retraites des sociétés de secours mutuels.

SOCIÉTÉ de SECOURS MUTUELS approuvée dite : (1)

S/C DE FONDS DE RETRAITES.

MANDAT OU ORDRE DE VERSEMENT.

M. .... , Trésorier de la Société, est autorisé, en exécution de la délibération prise le ....

par la Société de secours mutuels, et approuvée par M. ....

à la date du .... , à verser la somme de ....

entre les mains du préposé de la Caisse des dépôts et consignations au compte du fonds de retraites constitué en vertu du décret du 26 avril 1856.

A .... , le .... 18 ....

Le Président de la Société,

---

(1) Indiquer avec soin le titre de la société et son numéro matricule.

CAISSE DES DÉPÔTS ET CONSIGNATIONS.

DÉPARTEMENT
d

ARRONDISSEMENT
d

SOCIÉTÉS DE SECOURS MUTUELS APPROUVÉES.

L/C DE FONDS DE RETRAITES.

MODÈLE N° 7.

Instruction générale sur le service des fonds de retraites des sociétés de secours mutuels.

FONDS DE RETRAITES DE LA SOCIÉTÉ DE SECOURS MUTUELS APPROUVÉE *DITE* (1)

(1) Indiquer avec soin le titre de la société et son numéro matricule.

PIÈCES À PRODUIRE :

En cas de versement de sommes votées par la société :

Mandat ou ordre de versement du président de la société.

En cas de donation ou de legs :

Ampliation de l'arrêté du préfet autorisant l'acceptation, s'il s'agit d'une valeur qui n'excède pas 5,000 fr. S'il s'agit d'une valeur supérieure à cette somme, copie certifiée du décret autorisant l'acceptation.

BORDEREAU DE VERSEMENT au compte du fonds de retraites constitué en vertu du décret du 26 avril 1856, de....*Fr.*

provenant :

De sommes votées par la Société en vertu du décret du 26 avril 1856....................*Fr.*

De donations......................*Fr.*

De legs...........................*Fr.*

TOTAL...........*Fr.*

Je soussigné arrête le présent bordereau à la somme de

que je déclare verser entre les mains du préposé de la Caisse des dépôts et consignations.

A , le 18 .

(2) Signature de la partie versante.

(2)

(3) Qualification du déposant.

(3)

Demi-feuille tellière.

N° ....

DÉPARTEMENT

d ______

M.

Trésorier Payeur
général.

Mois d ______

COMPTE DE LA GESTION 18

ARTICLE 3 DU CHAPITRE III DE LA RECETTE.

MODÈLE N° 8.

Instruction générale
sur le service des socié-
tés de secours mutuels
approuvées, l/c de
fonds de retraites.

BORDEREAU DÉTAILLÉ des recettes effectuées pour le compte de sociétés de secours mutuels approuvées (l/c de fonds de retraites) pendant le mois d ______ 18 .

PIÈCES JUSTIFICATIVES.	DÉSIGNATION DES SOCIÉTÉS.	MONTANT DES RECETTES.	OBSERVATIONS.

TABLEAUX.

1er TABLEAU.

TABLEAU

des justifications et des pièces à produire par les pensionnaires des administrations désignées à l'article 13.

GRANDES ADMINISTRATIONS. (Art. 13.)

ADMINISTRATIONS.	JUSTIFICATIONS ET PIÈCES À PRODUIRE			ÂGE AUQUEL S'ÉTEIGNENT les pensions des orphelins.	OBSERVATIONS SUR LE CUMUL.	
	PAR LES PENSIONNAIRES.	PAR LES VEUVES.	PAR LES ORPHELINS.		PENSIONNAIRES.	VEUVES.
	1° Le titre de pension. 2° Quittance revêtue du timbre à 0f 10c. 3° Certificat de vie sur papier timbré contenant la déclaration de cumul ou de non-cumul. (Voir la colonne des observations.)	1° Le titre de pension. 2° Quittance revêtue du timbre à 0f 10c. 3° Certificat de vie sur papier timbré contenant la déclaration de viduité dans les cas où elle est exigée et celle relative au cumul ou non-cumul. (Voir la colonne des observations.)	1° Le titre de pension. 2° Quittance donnée par le tuteur et revêtue du timbre de 0f 10c. 3° Expédition de l'acte de tutelle si la tutelle est dative. 4° Certificat de vie sur papier timbré indiquant la date de naissance de tous les orphelins.			
Assistance publique	Idem.	La déclaration de viduité n'est pas exigée.	Idem.	15 ans accomplis, à moins qu'en raison de leur état d'invalidité et de l'impossibilité de subvenir à leurs besoins par le travail, ils ne soient autorisés à toucher leur pension pendant toute leur vie. Sans réversibilité.	La déclaration de non-cumul n'est pas exigée.	Même observation que ci-contre.
Imprimerie nationale	Idem.	Idem.	Idem.	15 ans sans réversibilité.	Déclaration de non-jouissance d'aucune autre pension ni d'aucun traitement d'activité à la charge de l'État.	Idem.
Mont-de-Piété de Paris	Idem.	La déclaration de viduité est exigée.	Idem.	Idem.	La déclaration de non-cumul n'est pas exigée.	Idem.
Octroi de Paris	Idem.	Idem.	Idem.	18 ans avec réversibilité de l'un à l'autre, à mesure que chaque enfant arrivera à 18 ans ou viendra à décéder avant cet âge. Le mineur qui se marie avant 18 ans ne perd pas ses droits à pension. (Avis de la Commission des pensions de la Préfecture de la Seine.)	Déclaration de non-jouissance d'aucun traitement d'activité sur les fonds de l'octroi ou sur les fonds de la ville de Paris ou du département de la Seine.	Aucune justification ne peut être exigée de la part des veuves sous le rapport du cumul.
Opéra (Théâtre national de l').	Idem.	La déclaration de viduité n'est pas exigée.	Idem.	Mêmes observations.	Déclaration de non-jouissance d'aucun traitement d'activité dans un théâtre de Paris.	Même observation que ci-contre.
Préfecture de la Seine	Idem.	La déclaration de viduité est exigée.	Idem.	15 ans accomplis, à moins qu'en raison de leur état d'invalidité et de l'impossibilité de subvenir à leurs besoins par le travail, ils ne soient autorisés à toucher leur pension pendant toute leur vie.	Déclaration de non-jouissance d'aucun traitement d'activité pouvant donner lieu à une nouvelle pension.	Aucune justification n'est imposée aux veuves.
Préfecture de police	Idem.	Idem.	Idem.	Mêmes observations.	Déclaration de non-jouissance d'aucun traitement d'activité sur les fonds de la ville de Paris ou du département de la Seine.	Idem.
Ecclésiastiques	Idem.				Déclaration de non-jouissance d'aucun traitement d'activité.	

2ᵉ TABLEAU.

TABLEAU

des justifications et des pièces à produire par les pensionnaires des préfectures et sous-préfectures.

ADMINISTRATIONS DÉPARTEMENTALES.

PRÉFECTURES ET SOUS-PRÉFECTURES.	JUSTIFICATIONS ET PIÈCES À PRODUIRE			ÂGE auquel s'éteignent les pensions des orphelins.	OBSERVATIONS SUR LE CUMUL.
	PAR LES PENSIONNAIRES.	PAR LES VEUVES.	PAR LES ORPHELINS.		PENSIONNAIRES ET VEUVES.
	1° Le titre de pension. 2° Quittance revêtue du timbre à 0f 10c. 3° Certificat de vie sur papier timbré contenant la déclaration de cumul ou de non-cumul. (Voir pour le cumul la colonne des observations.)	1° Le titre de pension. 2° Quittance revêtue du timbre à 0f 10c. 3° Certificat de vie sur papier timbré contenant la déclaration de viduité dans les cas où elle est exigée et celle relative au cumul ou non-cumul. (Voir pour le cumul la colonne des observations.)	1° Le titre de pension. 2° Quittance donnée par le tuteur et revêtue du timbre à 0f 10c. 3° Expédition de l'acte de tutelle si la tutelle est dative. 4° Certificat de vie sur papier timbré indiquant la date de naissance de tous les orphelins.		
Ain.	Idem.	La déclaration de viduité n'est pas exigée.	Idem.	15 ans sans réversibilité.	Cumul autorisé avec un traitement d'activité, pourvu qu'il ne soit pas rétribué sur les fonds départementaux.
Aisne.	Idem.	Idem.	Idem.	21 ans sans réversibilité.	Idem.
Allier.	Idem.	La déclaration de viduité est exigée.	Idem.	15 ans sans réversibilité.	Idem.
Alpes (Basses-).	Idem.	Idem.	Idem.	15 ans sans réversibilité.	Le règlement de la caisse départementale de retraite des Basses-Alpes ajoute après «fonds départementaux» ou «frais d'administration de la préfecture.»
Alpes (Hautes-).	Idem.	Idem.	Idem.	18 ans sans réversibilité.	Cumul autorisé avec un traitement d'activité, pourvu qu'il ne soit pas rétribué sur les fonds départementaux.
Alpes-Maritimes.	Idem.	Idem.	Idem.	15 ans sans réversibilité.	Idem.
Ardèche.	Idem.	Idem.	Idem.	21 ans sans réversibilité.	Idem.
Ardennes.	Idem.	Idem.	Idem.	15 ans sans réversibilité.	Idem.
Ariège.	Idem.	La déclaration de viduité n'est pas exigée.	Idem.	15 ans sans réversibilité.	Cumul interdit avec un traitement d'activité, dans une administration publique quelconque.
Aube.	Idem.	Idem.	Idem.	18 ans sans réversibilité.	Cumul autorisé avec un traitement d'activité, pourvu qu'il ne soit pas rétribué sur les fonds départementaux.
Aude.	Idem.	La déclaration de viduité est exigée.	Idem.	15 ans sans réversibilité.	Cumul interdit avec un traitement d'activité, dans une administration publique quelconque.
Aveyron.	Idem.	Idem.	Idem.	18 ans sans réversibilité.	Cumul autorisé avec un traitement d'activité, pourvu qu'il ne soit pas rétribué sur les fonds départementaux.
Bouches-du-Rhône.	Idem.	Idem.	Idem.	15 ans sans réversibilité.	Cumul interdit avec un traitement d'activité, dans une administration publique quelconque.
Calvados.	Idem.	Idem.	Idem.	15 ans sans réversibilité.	Cumul autorisé avec un traitement d'activité, pourvu qu'il ne soit pas rétribué sur les fonds départementaux.
Cantal.	Idem.	Idem.	Idem.	15 ans sans réversibilité.	Cumul autorisé jusqu'à concurrence de 1,800f.
Charente.	Idem.	Idem.	Idem.	15 ans sans réversibilité.	Cumul interdit avec un traitement d'activité, dans une administration publique quelconque.

PRÉFECTURES ET SOUS-PRÉFECTURES.	JUSTIFICATIONS ET PIÈCES À PRODUIRE. PAR LES PENSIONNAIRES.	PAR LES VEUVES.	PAR LES ORPHELINS.	ÂGE AUQUEL S'ÉTEIGNENT les pensions des orphelins.	OBSERVATIONS SUR LE CUMUL. PENSIONNAIRES ET VEUVES.
Charente-Inférieure	Mêmes justifications	La déclaration de viduité n'est pas exigée	Mêmes justifications	21 ans avec réversibilité	Le cumul est interdit si le pensionnaire est remis en activité dans un service tributaire de la Caisse de retraites. Dans le cas contraire, le cumul est autorisé jusqu'à 1,500 francs. Le cumul de deux pensions est autorisé dans la limite de 3,000 francs, pourvu qu'il n'y ait pas double emploi dans les années de service présentées pour la liquidation.
Cher	Idem.	La déclaration de viduité est exigée	Idem.	15 ans sans réversibilité	Cumul autorisé pourvu que le traitement d'activité ne soit pas rétribué sur les fonds départementaux.
Corrèze	Idem.	Idem.	Idem.	Idem.	Idem.
Corse	Idem.	Idem.	Idem.	Idem.	Idem.
Côte-d'Or	Idem.	La déclaration de viduité n'est pas exigée	Idem.	21 ans avec réversibilité	Idem.
Côtes-du-Nord	Idem.	La déclaration de viduité est exigée	Idem.	15 ans sans réversibilité	Cumul autorisé jusqu'à 1,500 francs dans les administrations ou fonctions publiques directement rétribuées par l'État. Dans tous les autres cas, le cumul sans limites est permis.
Creuse	Idem.	Idem.	Idem.	20 ans avec réversibilité	Cumul autorisé avec un traitement d'activité, pourvu qu'il ne soit pas rétribué sur les fonds départementaux.
Dordogne	Idem.	Idem.	Idem.	15 ans sans réversibilité	Idem.
Doubs	Idem.	Idem.	Idem.	Idem.	Idem.
Drôme	Idem.	La déclaration de viduité n'est pas exigée	Idem.	Idem.	Idem.
Eure	Idem.	Idem.	Idem.	Idem.	Idem.
Eure-et-Loir	Idem.	La déclaration de viduité est exigée	Idem.	Idem.	Cumul autorisé jusqu'à 1,500 francs, à moins que le pensionnaire ne soit remis en activité dans le même service.
Finistère	Idem.	Idem.	Idem.	Idem.	Cumul autorisé avec un traitement d'activité, pourvu qu'il ne soit pas rétribué sur les fonds départementaux.
Gard	Idem.	La déclaration de viduité n'est pas exigée	Idem.	18 ans avec réversibilité. Dans le cas où une mineure se marierait avant 18 ans, elle cesserait de recevoir le secours, lequel serait réversible sur les autres mineurs.	Cumul autorisé pourvu que le traitement d'activité ne soit pas rétribué sur les fonds départementaux ou de l'État, mais dans tous les cas autorisé jusqu'à concurrence du dernier traitement dont jouissait l'employé.
Garonne (Haute-)	Idem.	La déclaration de viduité est exigée	Idem.	15 ans sans réversibilité	Cumul autorisé avec un traitement d'activité, pourvu qu'il ne soit pas rétribué sur les fonds départementaux.
Gers	Idem.	Idem.	Idem.	Idem.	Cumul autorisé jusqu'à 1,500 francs, à moins que le pensionnaire ne soit remis en activité dans le même service.

| PRÉFECTURES ET SOUS-PRÉFECTURES. | JUSTIFICATIONS ET PIÈCES À PRODUIRE | | | ÂGE jusqu'où s'étendent les pensions des orphelins. | OBSERVATIONS SUR LE CUMUL. |
	PAR LES PENSIONNAIRES.	PAR LES VEUVES.	PAR LES ORPHELINS.		PENSIONNAIRES ET VEUVES.
Gironde	Mêmes justifications	La déclaration de viduité n'est pas exigée	Mêmes justifications	15 ans sans réversibilité	Cumul autorisé avec un traitement d'activité, pourvu qu'il ne soit pas rétribué sur les fonds départementaux ou d'abonnement.
Hérault	Idem	Idem	Idem	Idem	Cumul autorisé pourvu que le traitement d'activité ne soit pas rétribué sur les fonds départementaux.
Ille-et-Vilaine	Idem	Idem	Idem	21 ans sans réversibilité	Idem.
Indre	Idem	La déclaration de viduité est exigée	Idem	15 ans sans réversibilité	Idem.
Isère	Idem	Idem	Idem	Idem	Idem.
Jura	Idem	Idem	Idem	Idem	Idem.
Landes	Idem	La déclaration de viduité n'est pas exigée	Idem	21 ans avec réversibilité	Cumul autorisé toutes les fois que le traitement d'activité n'atteint pas le montant de la pension et que la pension et le traitement réunis n'excèdent pas 3,000 francs, ce dont les titulaires devront justifier.
Loir-et-Cher	Idem	La déclaration de viduité est exigée	Idem	15 ans sans réversibilité	Cumul autorisé avec un traitement d'activité, pourvu qu'il ne soit pas rétribué sur les fonds départementaux.
Loire	Idem	Idem	Idem	18 ans sans réversibilité	Cumul autorisé jusqu'à 1,500 francs, à moins que le pensionnaire ne soit remis en activité dans le même service.
Loire (Haute-)	Idem	La déclaration de viduité n'est pas exigée	Idem	15 ans sans réversibilité	Cumul autorisé avec un traitement d'activité, pourvu qu'il ne soit pas rétribué sur les fonds départementaux.
Loire-Inférieure	Idem	Idem	Idem	Idem	Idem.
Loiret	Idem	La déclaration de viduité est exigée	Idem	Idem	Idem.
Lot	Idem	Idem	Idem	Idem	Idem.
Lot-et-Garonne	Idem	Idem	Idem	Idem	Idem.
Lozère	Idem	Idem	Idem	18 ans avec réversibilité	Idem.
Maine-et-Loire	Idem	Idem	Idem	21 ans avec réversibilité	Cumul autorisé jusqu'à 1,500 francs, à moins que le pensionnaire ne soit remis en activité dans le même service.
Manche	Idem	Idem	Idem	15 ans sans réversibilité	Cumul autorisé avec un traitement d'activité, pourvu qu'il ne soit pas rétribué sur les fonds départementaux.
Marne	Idem	La déclaration de viduité n'est pas exigée	Idem	21 ans avec réversibilité	Idem.
Marne (Haute-)	Idem	La déclaration de viduité est exigée	Idem	15 ans sans réversibilité	Idem.
Mayenne	Idem	Idem	Idem	15 ans sans réversibilité	Idem.
Meurthe-et-Moselle	Idem	Idem	Idem	18 ans sans réversibilité	Idem.
Meuse	Idem	Idem	Idem	18 ans sans réversibilité	Idem.
Morbihan	Idem	Idem	Idem	15 ans sans réversibilité	Idem.

| PRÉFECTURES ET SOUS-PRÉFECTURES. | JUSTIFICATIONS ET PIÈCES À PRODUIRE | | | ÂGE AUQUEL PÉRIMENT les pensions des orphelins. | OBSERVATIONS SUR LE CUMUL. |
	PAR LES PENSIONNAIRES.	PAR LES VEUVES.	PAR LES ORPHELINS.		PENSIONNAIRES ET VEUVES.
Nièvre	Mêmes justifications	La déclaration de viduité n'est pas exigée	Mêmes justifications	21 ans avec réversibilité. Le secours accordé aux orphelins leur est conservé toute leur vie si les infirmités ne leur permettent pas de subvenir à leurs besoins.	Cumul autorisé pourvu que le traitement d'activité ne soit pas rétribué sur les fonds départementaux ou sur les fonds d'abonnement de la préfecture.
Nord	Idem	La déclaration de viduité est exigée	Idem	15 ans sans réversibilité	Cumul autorisé avec un traitement d'activité, pourvu qu'il ne soit pas rétribué sur les fonds départementaux.
Oise	Idem	Idem	Idem	Idem	Idem.
Orne	Idem	Idem	Idem	Idem	Idem.
Pas-de-Calais	Idem	Idem	Idem	Idem	Cumul autorisé avec un traitement d'activité, à moins que le pensionnaire ne soit remis en activité dans le même service.
Puy-de-Dôme	Idem	Idem	Idem	Idem	Cumul interdit avec un traitement d'activité, dans une administration publique quelconque.
Pyrénées (Basses-)	Idem	Idem	Idem	Idem	Cumul autorisé avec un traitement d'activité, pourvu qu'il ne soit pas rétribué sur les fonds départementaux.
Pyrénées (Hautes-)	Idem	Idem	Idem	Idem	Idem.
Pyrénées-Orientales	Idem	Les veuves ne sont pas admises à pension	Les orphelins ne sont pas admis à pension		Idem.
Rhône	Idem	La déclaration de viduité n'est pas exigée	Mêmes justifications	21 ans avec réversibilité	Cumul autorisé avec un traitement d'activité quelconque, à moins que le pensionnaire ne soit remis en activité dans le même service.
Saône (Haute-)	Idem	La déclaration de viduité est exigée	Idem	15 ans sans réversibilité	Cumul autorisé avec un traitement d'activité, pourvu qu'il ne soit pas rétribué sur les fonds départementaux.
Saône-et-Loire	Idem	La déclaration de viduité n'est pas exigée	Idem	Idem	Idem.
Sarthe (Préfecture)	Idem	La déclaration de viduité est exigée	Idem	Idem	Idem.
Sarthe (Agents voyers)	Idem	La déclaration de viduité n'est pas exigée	Idem	21 ans avec réversibilité	Idem.
Savoie	Idem	La déclaration de viduité est exigée	Idem	Idem	Idem.
Savoie (Haute-)	Idem	Idem	Idem	15 ans sans réversibilité	Idem.
Seine-Inférieure	Idem	La déclaration de viduité n'est pas exigée	Idem	16 ans sans réversibilité	Idem.
Seine-et-Marne	Idem	La déclaration de viduité est exigée	Idem	15 ans sans réversibilité	Idem.
Seine-et-Oise	Idem	Idem	Idem	Idem	Idem.
Sèvres (Deux-)	Idem	La déclaration de viduité n'est pas exigée	Idem	18 ans avec réversibilité	Cumul autorisé jusqu'à concurrence du dernier traitement dont jouissait l'employé retraité. Cumul de deux pensions autorisé, pourvu qu'il n'y ait pas double emploi dans les années de services présentées pour la liquidation.
Somme	Idem	La déclaration de viduité est exigée	Idem	15 ans sans réversibilité	Cumul autorisé avec un traitement d'activité, pourvu qu'il ne soit pas rétribué sur les fonds départementaux.

| PRÉFECTURES ET SOUS-PRÉFECTURES. | JUSTIFICATIONS ET PIÈCES À PRODUIRE | | | ÂGE auquel s'éteignent les pensions des orphelins. | OBSERVATIONS SUR LE CUMUL. FONCTIONNAIRES ET VEUVES. |
	PAR LES FONCTIONNAIRES.	PAR LES VEUVES.	PAR LES ORPHELINS.		
Tarn..................	Mêmes justifications.................	La déclaration de viduité est exigée........	Mêmes justifications.................	15 ans sans réversibilité...	Cumul autorisé avec un traitement d'activité, pourvu qu'il ne soit pas rétribué sur les fonds départementaux.
Tarn-et-Garonne........	Idem................	Idem................	Idem................	Idem................	Idem.
Var...................	Idem................	Idem................	Idem................	Idem................	Idem.
Vaucluse..............	Idem................	Idem................	Idem................	Idem................	Idem.
Vendée................	Idem................	Idem................	Idem................	Idem................	Idem.
Vienne................	Idem................	Idem................	Idem................	Idem................	Idem.
Vienne (Haute-)........	Idem................	Idem................	Idem................	Idem................	Cumul autorisé jusqu'à concurrence du traitement sur lequel la retraite a été fixée. Le payement de l'excédant demeure suspendu pendant tout le temps que dure le traitement d'activité.
Vosges................	Idem................	Idem................	Idem................	Idem................	Cumul autorisé avec un traitement d'activité, pourvu qu'il ne soit pas rétribué sur les fonds départementaux.

3ᵉ TABLEAU.

TABLEAU

des justifications et des pièces à produire par les pensionnaires des mairies, octrois, hospices et autres établissements communaux.

ADMINISTRATIONS COMMUNALES.

ADMINISTRATIONS.	JUSTIFICATIONS ET PIÈCES À PRODUIRE			ÂGE jusqu'auquel s'étendent les pensions des orphelins.	OBSERVATIONS SUR LE CUMUL. PENSIONNAIRES ET VEUVES.
	PAR LES PENSIONNAIRES.	PAR LES VEUVES.	PAR LES ORPHELINS.		
	1° Le titre de pension. 2° Quittance revêtue du timbre à $0^f 10^c$. 3° Certificat de vie sur papier timbré contenant la déclaration de cumul ou de non cumul. (Voir la colonne des observations.)	1° Le titre de pension. 2° Quittance revêtue du timbre à $0^f 10^c$. 3° Certificat de vie sur papier timbré contenant la déclaration de viduité dans les cas où elle est exigée et celle relative au cumul ou non-cumul (Voir pour le cumul la colonne des observations.)	1° Le titre de pension. 2° Quittance donnée par le tuteur et revêtue du timbre à $0^f 10^c$. 3° L'acte de tutelle si la tutelle est dative. 4° Certificat de vie, sur papier timbré, indiquant la date de naissance de tous les orphelins.		
Aix (Bouches-du-Rhône). Administration municipale et établissements charitables.	Idem............	La déclaration de viduité n'est pas exigée.... Les veuves peuvent se remarier sans perdre leurs droits à pension.	Idem............	18 ans avec réversibilité. La part de celui qui décède avant 18 ans ou qui atteint cet âge fait retour aux autres orphelins.	Le cumul n'est pas interdit.
Alençon (Orne). Employés de la mairie et autres agents salariés par la ville.	Idem............	La déclaration de viduité est exigée........	Idem............	15 ans sans réversibilité des uns sur les autres.	Le cumul est interdit avec un traitement d'activité dans l'administration municipale.
Blois (Loir-et-Cher). Administration municipale.	Idem............	Idem............	Idem............	18 ans sans réversibilité des uns sur les autres.	Le cumul est interdit avec un traitement d'activité dans les administrations ou fonctions publiques quelconques.
Bordeaux (Gironde). Employés de la mairie.	Idem............	Idem............	Idem............	15 ans sans réversibilité...	Idem.
Bordeaux (Gironde). Employés de l'octroi.	Idem............	Idem............	Idem............	Idem............	Idem.
Bordeaux (Gironde). Employés des hospices.	Idem............	Idem............	Idem............	Idem............ La pension accordée aux orphelins leur sera conservée pendant toute leur vie s'ils sont infirmes et hors d'état de travailler pour subvenir à leurs besoins.	Le cumul n'est pas interdit.
Brest (Finistère). Employés de la mairie, de l'octroi et du mont-de-piété.	Idem............	La déclaration de viduité n'est pas exigée. Les veuves peuvent se remarier sans perdre leurs droits à pension.	Idem............	21 ans avec réversibilité. La part de ceux qui décèdent avant 21 ans ou de ceux devenus majeurs fait retour aux autres orphelins.	Le cumul d'une pension de retraite payée sur les fonds de l'État ou des caisses de retenues et d'un traitement d'activité sur les fonds communaux n'est pas interdit. Le cumul de deux pensions est autorisé dans la limite de 2,000 francs.
Châlons-sur-Marne (Marne). Employés et agents de la ville.	Idem............	La déclaration de viduité est exigée........	Idem............	15 ans sans réversibilité...	Cumul autorisé pourvu qu'il n'y ait pas double emploi dans les années de services présentées pour la liquidation de la pension.
Clermont-Ferrand (Puy-de-Dôme). Employés de l'octroi.	Idem............	Idem............	Idem............	Idem............	Le cumul n'est pas interdit.

ADMINISTRATIONS.	JUSTIFICATIONS ET PIÈCES À PRODUIRE			ÂGE auquel s'éteignent les pensions des orphelins.	OBSERVATIONS SUR LE CUMUL. PENSIONNAIRES ET VEUVES.
	PAR LES PENSIONNAIRES.	PAR LES VEUVES.	PAR LES ORPHELINS.		
Évreux (Eure). Employés de l'administration municipale.	Mêmes justifications	La déclaration de viduité est exigée	Mêmes justifications	15 ans sans réversibilité	Cumul interdit avec un traitement d'activité dans des administrations ou fonctions publiques quelconques.
Havre (Le) (Seine-Inf^re). Employés et agents de la ville.	Idem	Idem	Idem	Idem	Le cumul n'est pas interdit.
Lille (Nord). Fonctionnaires et employés rétribués par la ville.	Idem	La déclaration de viduité n'est pas exigée	Idem	Idem	Cumul interdit avec un traitement d'activité dans un des services municipaux ou emplois salariés par la ville.
Limoges (Haute-Vienne). Employés de l'administration municipale.	Idem	Idem	Idem	Idem	Cumul non interdit.
Limoges (Haute-Vienne). Employés de l'octroi.	Idem	Idem	Idem	Idem	Idem.
Lyon (Rhône). Employés de l'administration municipale.	Idem	Idem	Idem	21 ans avec réversibilité	Idem.
Lyon (Rhône). Employés de l'octroi.	Idem	La déclaration de viduité est exigée	Idem	16 ans sans réversibilité	Idem.
Lyon (Rhône). Employés de la condition publique des soies.	Idem	Idem	Idem	15 ans sans réversibilité	Maximum de la pension : 3,000 francs.
Lyon (Rhône). Corps des sergents de ville.	Idem	La déclaration de viduité n'est pas exigée	Idem	18 ans avec réversibilité des uns aux autres.	Les pensions des sergents de ville de Lyon ne sont pas passibles des fois sur le cumul. Toutefois le cumul d'une ou plusieurs pensions avec un traitement d'activité quelconque est interdit lorsque la pension a été accordée pour cause d'infirmités avant 25 ans de services.
Metz (Alsace-Lorraine). Employés de l'administration municipale.	Idem	Idem	Idem	21 ans avec réversibilité	Cumul non interdit.
Mulhouse (Alsace-Lorraine). Employés et agents salariés de la ville.	Idem	La déclaration de viduité est exigée	Idem	15 ans sans réversibilité	Cumul interdit avec un traitement d'activité dans une administration ou fonction publique quelconque.
Nancy (Meurthe-et-Moselle). Employés de la mairie et de l'octroi.	Idem	Idem	Idem	18 ans sans réversibilité. La pension accordée aux orphelins leur est conservée toute leur vie s'ils sont infirmes et hors d'état de subvenir à leurs besoins.	Cumul autorisé avec un traitement d'activité dans des administrations ou fonctions publiques quelconques, pourvu que le traitement réuni à la pension n'excède pas 600 francs. En cas d'excédant, le montant sera déduit sur la pension et le payement en demeurera suspendu pendant tout le temps que durera la jouissance du traitement d'activité.

| ADMINISTRATIONS. | JUSTIFICATIONS ET PIÈCES À PRODUIRE | | | ÂGE AUQUEL S'ÉTEIGNENT les pensions des orphelins. | OBSERVATIONS SUR LE CUMUL. PENSIONNAIRES ET VEUVES. |
	PAR LES PENSIONNAIRES.	PAR LES VEUVES.	PAR LES ORPHELINS.		
Nevers (Nièvre). Employés de l'administration municipale.	Mêmes justifications	La déclaration de viduité est exigée.	Mêmes justifications	18 ans sans réversibilité	Cumul interdit avec un traitement d'activité dans des administrations ou fonctions publiques quelconques.
Orléans (Loiret). Employés de l'octroi.	Idem	Idem	Idem	15 ans sans réversibilité	Cumul non interdit.
Pau (Basses-Pyrénées). Employés de la mairie et de l'octroi.	Idem	La déclaration de viduité n'est pas exigée	Idem	17 ans avec réversibilité	Idem.
Reims (Marne). Employés des établissements communaux.	Idem	La déclaration de viduité est exigée	Idem	21 ans avec réversibilité	Cumul de deux pensions autorisé dans la limite de 3,000 francs, pourvu qu'il n'y ait pas double emploi dans les années de services présentées pour la liquidation. Cumul de la pension avec un traitement d'activité dans une administration publique quelconque autorisé, pourvu que le traitement réuni à la pension n'excède pas 1,000 francs. En cas d'excédant, le montant en sera déduit sur la pension pendant tout le temps que durera la jouissance du traitement d'activité.
Saint-Chamond (Loire). Employés de l'octroi.	Idem	Idem	Idem	16 ans sans réversibilité	Le payement de la pension est suspendu lorsque le pensionnaire est remis en activité de service; elle reprend son cours après la cessation définitive d'exercice.
Seine. (Employés des mairies des arrondissements de Sceaux et de Saint-Denis.)	Idem	Idem	Idem	15 ans	Les pensionnaires doivent déclarer qu'ils ne jouissent d'aucun traitement sur les fonds des communes des arrondissements de Sceaux et de Saint-Denis.
Tarbes (Hautes-Pyrénées). Employés de la mairie et de l'octroi.	Idem	Idem	Idem	15 ans avec réversibilité jusqu'à ce que l'enfant le plus jeune ait accompli sa 15e année.	Le cumul n'est pas interdit.
Valenciennes (Nord). Employés de la mairie et de l'octroi.	Idem	Idem	Idem	15 ans sans réversibilité	Idem.
Versailles (Seine-et-Oise). Employés de l'administration municipale.	Idem	Idem	Idem	Idem	Cumul autorisé pourvu que le traitement d'activité ne soit pas rétribué sur les fonds communaux.

[illegible]	[illegible]	[illegible]
[illegible]	[illegible]	[illegible]
[illegible]	[illegible]	[illegible]
[illegible]	[illegible]	[illegible]

TABLE DES MATIÈRES.

—

PREMIÈRE PARTIE.

FONDS DE RETRAITES ET PENSIONS DIVERSES.

DISPOSITIONS GÉNÉRALES.

DEUXIÈME PARTIE.

SOCIÉTÉS DE SECOURS MUTUELS APPROUVÉES

(l/c de fonds de retraites.)

DISPOSITIONS GÉNÉRALES.

www.ingramcontent.com/pod-product-compliance
Lightning Source LLC
LaVergne TN
LVHW010321030726
842520LV00004B/1203